AF497884

Petite Bibliothèque Franciscaine

CATÉCHISME FRANCISCAIN

A L'USAGE

DES FRÈRES ET SŒURS

DE L'ORDRE DE LA PÉNITENCE

PAR

LE R. P. SIMON DE BUSSIÈRES

Franciscain de l'Observance

PRIX : **15** CENTIMES

PARIS

LIBRAIRIE SAINT-JOSEPH

TOLRA, LIBRAIRE-ÉDITEUR

112, RUE DE RENNES, 112

1878

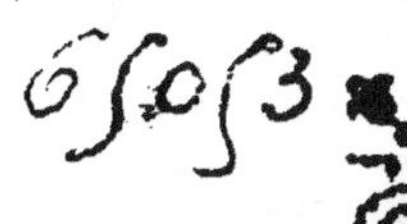

IMPRIMATUR

Bordeaux, le 20 janvier 1878.

Fr. Raphael,
Min. prov.

CATÉCHISME FRANCISCAIN

CHAPITRE PRÉLIMINAIRE

Notions générales sur les Ordres de saint François

D. Qu'est-ce que l'Ordre de la Pénitence ?

R. L'Ordre de la Pénitence est un institut pour les personnes de bonne volonté qui, tout en vivant dans le monde, désirent acquérir la perfection religieuse.

D. Quand et par qui a été fondé cet Ordre ?

R. Cet Ordre a été fondé par saint François d'Assise, en 1221.

D. Qui lui a donné le nom d'Ordre de la Pénitence ?

R. C'est le nom que lui donna saint François, et qui lui a été conservé par les Souverains Pontifes.

D. Quand et par qui a été promulguée la Règle de cet Ordre ?

R. La Règle de cet Ordre, composée par saint François sous l'inspiration de Dieu, reçut de suite l'approbation des Souverains

Pontifes ; mais ce n'est qu'en 1289 que le pape Nicolas IV donna une bulle pour approuver solennellement cette Règle.

D. Pourquoi appelle-t-on cet institut TIERS-ORDRE ou troisième Ordre?

R. Parce que c'est le troisième fondé par saint François.

D. Saint François avait donc fondé deux autres Ordres?

R. Oui, saint François avait déjà fondé l'Ordre des Frères-Mineurs en 1209 et celui des Clarisses, qui est le second, en 1212.

D. L'Ordre des Frères-Mineurs , (*premier Ordre*), compte-t-il plusieurs branches?

R. Oui, le premier Ordre compte plusieurs branches : ce sont les Frères-Mineurs Conventuels, les Frères-Mineurs de l'Observance, et les Frères-Mineurs Capucins.

D. L'Ordre des Clarisses (*second Ordre*), a-t-il aussi plusieurs observances?

R. Oui. On distingue les Clarisses, observant la règle de Sainte-Claire, les Clarisses-Urbanistes qui, d'après une constitution d'Urbain IV, admettent quelques adoucissements à la Règle de sainte Claire, et les Clarisses-Colettines qui, à la Règle de sainte Claire, ajoutent les constitutions plus rigoureuses encore de sainte Colette.

D. L'Ordre de la Pénitence (*troisième Ordre*)

est-il également divisé en plusieurs classes?

R. Oui, l'Ordre de la Pénitence se divise en plusieurs classes, savoir : 1° les Tertiaires réguliers, vivant dans le cloître, sous la Règle du Tiers-Ordre, modifiée par le pape Léon X ; 2° les Tertiaires, qui vivent dans les communautés du premier ou du second Ordre; 3° enfin les Tertiaires, demeurant au milieu du monde.

D. Combien y a-t-il de sortes de Tertiaires vivant dans le monde?

R. Il y en a deux sortes : 1° Ceux qui appartiennent à une Fraternité qui se réunit une fois par mois sous la direction d'un Frère-Mineur, ou d'un prêtre délégué ; 2° ceux qui, ne pouvant assister régulièrement aux réunions, observent la Règle en leur particulier et qu'on appelle *Tertiaires isolés*.

D. Les grâces sont-elles les mêmes pour les Tertiaires isolés que pour les Tertiaires en Fraternité ?

R. Oui, les grâces sont les mêmes, mais en Fraternité on a l'avantage de s'édifier mutuellement, d'entendre des explications de la Règle, des instructions spéciales qui forment à la pratique des vertus Séraphiques.

CHAPITRE I

De la manière d'examiner ceux qui veulent entrer dans l'Ordre

D. Sur quels points doit-on examiner un sujet avant de l'admettre ?

R. Avant d'admettre quelqu'un dans le Tiers-Ordre, on doit examiner : 1º S'il a une foi pure et la connaissance des vertus de la religion ; 2º S'il est bien soumis à l'Eglise romaine ; 3º S'il a une vie régulière, une réputation intacte et des habitudes religieuses.

D. Pour admettre quelqu'un dans une Fraternité, sont-ce là les seules conditions exigées ?

R. Non, car une personne médisante, ou celle qui a un esprit original et bizarre, une humeur fâcheuse, un caractère altier, trop susceptible et brouillon, ne peuvent pas être admises dans une Fraternité.

D. Mais ne peut-on pas recevoir dans le Tiers-Ordre *isolé* et même dans une Fraternité une personne qui aurait autrefois donné du scandale ?

R. Oui, ces personnes peuvent être admises

si leur conversion a été éclatante et bien éprouvée.

D. Doit-on considérer, dans ceux qui se présentent, leur état ou leur position dans le monde?

R. Notre Séraphique Père saint François, qui voulait des âmes avant tout, n'exclut personne de sa Règle, pourvu qu'on aie une profession honnête.

D. Doit-on examiner tous ceux qui se présentent?

R. On peut dispenser de l'examen un sujet qui est bien connu par sa foi et sa bonne conduite.

CHAPITRE II

De la manière de recevoir ceux qui veulent entrer dans l'Ordre

D. Quels sont les devoirs du Frère Supérieur, lorsque quelqu'un demande à entrer dans l'Ordre?

R. Le Frère Supérieur doit : 1° S'informer avec soin de l'emploi du Postulant, de son état et de sa position sociale; 2° lui faire connaître la Règle.

D. Quels sont les devoirs du Postulant?

R. Le Postulant doit sans retard se réconcilier avec le prochain, et restituer le bien d'autrui, s'il en est détenteur, ou du moins donner des garanties.

D. Est-il nécessaire, pour entrer daus l'Ordre de la Pénitence, d'avoir une vocation spéciale?

R. Oui, il faut une vocation spéciale, puisqu'en y entrant on s'engage à la pratique de certains devoirs et de vertus spéciales.

D. Quels sont les signes de cette vocation?

R. Les signes de vocation au Tiers-Ordre sont : 1° Un attrait pour la *priére*, la *pénitence* et pour la *simplicité* dans le vêtement; 2° un désir sérieux de travailler à sa sanctification.

D. L'admission au Troisième Ordre suit-elle immédiatement la demande?

R. L'admission ne suit pas, ordinairement, la demande; les convenances et l'usage veulent que le Postulant se prépare pendant deux mois, s'il est possible.

D. Qui peut recevoir dans le Tiers-Ordre?

R. Les Pères du Premier Ordre, ou tout prêtre qui aura reçu des pouvoirs des Pères Conventuels, Franciscains de l'Observance ou Capucins.

D. Qu'est-ce que le Noviciat?

R. Le Noviciat est le temps qui s'écoule

depuis la prise d'habit jusqu'à la Profession, et pendant lequel on s'exerce à l'esprit, aux vertus propres à l'Ordre, et aux prescriptions de la Règle.

D. Quelle est la durée du Noviciat?

R. La durée du Noviciat est d'un an. Ce temps ne peut être abrégé qu'en cas de danger de mort ou de *très-graves* raisons, laissées à l'appréciation des Supérieurs.

D. Les Novices jouissent-ils des priviléges de l'Ordre?

R. Oui, les Novices, faisant déjà partie de l'Ordre, jouissent de tous les priviléges, grâces et indulgences de l'Ordre.

D. Quand un Novice mérite-t-il d'être admis à la Profession?

R. Un Novice peut être admis à la Profession s'il a accompli l'année du Noviciat, contracté l'habitude des prescriptions de la Règle; s'il s'est exercé à la pratique des vertus Séraphiques, et s'il persévère dans la bonne volonté de se sanctifier.

D. Qu'est-ce que la Profession?

R. La Profession, dans l'Ordre sacré de la Pénitence, est un acte religieux par lequel on se consacre à Dieu en lui promettant, entre les mains des Supérieurs, comme délégués de l'Eglise, de garder toute sa vie les commandements de Dieu et d'accomplir la pénitence imposée par le P. Visiteur pour les transgressions qu'on aurait commises contre la Règle.

D. L'Ordre de la Pénitence est-il un Ordre véritable?

R. L'Ordre de la Pénitence est un Ordre véritable qui se rattache à l'état religieux, comme l'a déclaré l'Eglise, quoiqu'on n'y fasse pas les trois vœux perpétuels d'*Obéissance*, de *Pauvreté* et de *Chasteté*.

D. Mais quelle valeur a la Profession dans le Tiers-Ordre?

R. La Profession dans le Tiers-Ordre, quoique différente de la Profession religieuse, est un puissant moyen de perfection, produit aux yeux de l'Eglise des effets réels, impose des devoirs et donne des priviléges.

D. Quel engagement prend-on à la Profession?

R. Par le Profession on s'engage à *renoncer au monde* et à *faire pénitence*.

D. En quoi consiste ce *renoncement* au monde?

R. Ce renoncement au monde consiste à s'interdir le luxe, la vanité et les divertissements des enfants du siècle.

D. Et en quoi consiste cette *pénitence*?

R. Cette pénitence consiste à faire quelques

jeûnes et quelques abstinences, ou du moins à se priver de quelque chose.

D. Quels avantages procure la Profession dans le Tiers-Ordre ?

R. Par la Profession, les Tertiaires deviennent enfants de saint François, aussi bien que les Frères-Mineurs et les Clarisses, participent à tout le bien spirituel de l'Ordre Séraphique, et, par la récitation du saint office, que leur prescrit la Règle, ils sont délégués de l'Eglise pour la prière publique.

D. Peut-on sortir du Tiers-Ordre après avoir fait Profession ?

R. La Règle défend de sortir de l'Ordre après sa Profession, à moins que ce soit pour entrer dans un Ordre religieux approuvé par l'Eglise.

D. Serait-ce un péché d'en sortir pour retourner au siècle ?

R. Oui, ce serait un péché de sortir de l'Ordre, après sa profession, si l'on agissait par mépris ou par paresse.

CHAPITRE III

De la forme et de la qualité des vêtements qu'on doit porter

D. Que dit la Règle pour les vêtements des Tertiaires?

R. La Règle prescrit aux Frères et aux Sœurs de se vêtir, ordinairement, d'étoffes humbles pour le prix et pour la couleur, et de s'interdir le luxe et tout ce qui favorise la vanité.

D. Mais la Règle ne permet-elle pas quelques exceptions?

R. Le Directeur peut accorder des dispenses pour les vêtements, selon la condition des personnes et la coutume des lieux; mais ceux qui obtiennent des dispenses ne doivent que davantage se pénétrer de l'esprit de pauvreté.

D. Quel était l'habit primitif des Tertiaires?

R. L'habit primitif des Tertiaires était une grande robe de gros drap gris cendré, sans taille, retenue par une corde qui ceignait les reins.

D. Plus tard, n'y eut-il pas de modifications?

R. Oui, à cause du refroidissement de la ferveur, on fit plus tard des modifications ; on porta d'abord la grande tunique (1) sous les habits séculiers, puis on la diminua peu à peu.

D. Qui a autorisé le petit habit ou Scapulaire qu'on porte aujourd'hui ?

R. C'est le Pape Jules II qui a autorisé le grand scapulaire à la place du grand habit.

D. Quelles dimensions doit avoir le scapulaire ?

R. Le scapulaire, d'après le pape Jules II, doit être assez long devant et derrière pour qu'on puisse ceindre la corde par-dessus et les deux bandes qui passent sur les épaules doivent avoir quatre doigts de largeur.

D. De quelle étoffe doit être le scapulaire ?

R. Le scapulaire doit être en étoffe de laine de couleur brune ou gris cendré.

D. Qu'avez-vous à dire sur la corde ?

R. La corde peut être en chanvre ou en laine avec trois ou cinq nœuds et sa grosseur d'un demi-doigt.

D. Pour des raisons *sérieuses*, ne peut-on pas porter un scapulaire plus petit ?

R. Oui, pour de *graves* raisons, le Directeur peut permettre de porter un habit plus

____

(1) Beaucoup de Tertiaires le pratiquent de nos jours ; plaise à Dieu que leur nombre augmente.

petit, mais il doit avoir au moins dix centimètres carrés.

D. Quelle est la signification de l'habit ?

R. Le saint habit, par sa couleur sombre, est l'emblème de l'humilité et rappelle, par la grossièreté de son tissu, l'esprit de mortification et de pauvreté.

D. Quelle est la signification de la corde ?

R. La corde symbolise l'esprit de pureté, les liens sacrés de JÉSUS dans sa Passion, et les trois nœuds représentent les trois vertus du T.-O. : l'*humilité*, la *pénitence* et le *détachement*.

D. Doit-on porter toujours le saint habit ?

R. Les Tertiaires doivent porter nuit et jour le saint habit. On peut cependant, en cas de nécessité ou de maladie, le quitter pour quelque temps.

D. Peut-on, à notre époque, revêtir extérieurement le grand habit ?

R. Oui, on le peut dans quatre circonstances : 1º dans les assemblées des Fraternités ; 2º aux processions, aux enterrements et autres cérémonies religieuses auxquels les Tertiaires assistent en corps ; 3º avec une autorisation spéciale des supérieurs ; 4º enfin après leur mort, pour être ensevelis.

CHAPITRE IV

Que les frères et les sœurs évitent les festins licencieux et les spectacles, et qu'ils ne donnent rien aux histrions.

D. Quels sont les plaisirs mondains défendus par la Règle?

R. La Règle défend de prendre part aux festins licencieux, aux bals, aux spectacles, aux jeux publics, parce que les Tertiaires ont renoncé aux vains amusements du monde.

D. La Règle ne défend-elle pas autre chose?

R. Elle défend encore aux Tertiaires de donner et de laisser donner par ceux qui sont sous leur dépendance aux bateleurs.

D. Tout plaisir est-il donc interdit aux Tertiaires?

R. Non, les Tertiaires peuvent se récréer honnêtement, assister aux assemblées de leurs parents, aux repas de noces en s'en tenant aux sages conseils du Directeur.

CHAPITRE V

De l'abstinence et du jeûne.

D. Quelles sont aujourd'hui les pénitences qu'ont à pratiquer les Tertiaires?

R. Outre les jeûnes et les abstinences de l'Eglise, qui obligent tous les chrétiens, les Tertiaires doivent jeûner tous les vendredis de l'année et tout l'Avent, à l'exception des dimanches, et faire abstinence tout l'Avent et tous les mercredis de l'année.

D. Les Tertiaires peuvent-ils user des dispenses accordées par l'Ordinaire pour les jeûnes et abstinences de l'Eglise.

R. Oui, ils peuvent user de ces dispenses.

D. Qu'ordonne la Règle au sujet du *Benedicite?*

R. La règle ordonne de réciter le Pater avant les repas, de le réciter aussi après les repas en y ajoutant : *Deo gratias.*

D. Le *Pater* tient-il lieu du *Benedicite* ordinaire?

R. Oui, le *Pater* en tient lieu.

D. Quelles sont les raisons qui peuvent exempter des austérités de la Règle?

R. La santé, les fatigues du travail, les

voyages, les difficultés de la position sont des raisons pour lesquelles on peut demander des dispenses.

CHAPITRE VI

Combien de fois par an les Tertiaires doivent se confesser et communier.

D. Que prescrit la Règle au sujet de la communion ?

R. La Règle recommande aux Tertiaires de se confesser et de communier dévotement trois fois l'an, à Pâques, à Noël et à la Pentecôte.

D. Les Tertiaires doivent-ils s'en tenir à ces trois communions ?

R. Non, car saint François, en prescrivant trois communions par an, c'est-à-dire plus que l'Eglise n'en impose, manifeste sa profonde estime pour la communion fréquente.

CHAPITRE VII

Que les frères ne portent point d'armes offensives.

D. Quelle est aujourd'hui la pratique de ce chapitre ?

R. La pratique de ce chapitre est l'esprit de douceur et de charité qui est comme le caractère propre des vrais disciples de Jésus-Christ et de saint François.

CHAPITRE VIII

De la récitation des heures canoniales.

D. Quel office prescrit la Règle?

R. Les Tertiaires qui sont dans les ordres sacrés satisfont à la Règle en récitant le bréviaire romain, les Tertiaires laïques doivent réciter le même office; mais s'ils ne le peuvent, ils le remplacent par l'office des *Pater* ou par l'Office de la sainte Vierge qu'autorisent les constitutions de l'Ordre.

D. Quel est l'office des *Pater* dont parle la Règle?

R. La Règle dit que ceux qui ne savent pas lire et ceux qui ne peuvent dire l'office du bréviaire ou celui de la sainte Vierge, doivent réciter cinquante-quatre *Pater*, douze pour Matines et Laudes, sept pour Prime, sept pour Tierce, sept pour Sexte, sept pour None, sept pour Vêpres et sept pour Complies. On dit le *Gloria Patri*, après chaque *Pater;* on ajoute le *Credo* et le *Miserere* à Prime et à Complies.

D. Que faut-il faire si l'on ne sait pas le *Miserere?*

R. On le remplace par trois *Pater.*

D. Peut-on réciter l'office en français?

R. Non, on doit le réciter en latin, qui est la langue de l'Eglise.

D. Combien a-t-on de temps pour réciter l'office ?

R. On a l'intervalle de *vingt-quatre heures.* On peut même dès la veille dire Matines et Laudes du lendemain.

D. Peut-on dire tout l'office à la fois?

R. Oui, si l'on ne peut faire autrement.

D. Doit-on préférer la récitation de l'office à toute autre prière?

R. Oui, parce que l'office imposé par la Règle est la prière publique de l'Eglise, et, en le récitant, on est le délégué de l'Eglise et on prie en son nom.

CHAPITRE IX

Que ceux qui en ont le droit fassent leur testament

D. Que veut dire ce chapitre?

R. Il ordonne aux Tertiaires *de faire leur testament et de disposer de ce qu'ils possèdent dans les trois mois qui suivent leur entrée dans l'ordre* afin d'être dégagé de toute préoccupation et de s'occuper plus librement du soin de leur âme.

CHAPITRE X

De la paix à établir entre les frères et les étrangers.

D. Quels sont les devoirs des Tertiaires les uns envers les autres?

R. Les Tertiaires se considérant comme les enfants d'une même famille doivent s'aimer les uns les autres, vivre dans l'union, la paix la plus parfaite et se prêter un mutuel secours, tant en santé qu'en maladie.

D. Quelle doit être la conduite d'un Tertiaire dans sa famille?

R. Il doit prier pour sa famille, et, par sa douceur, le bon exemple et quelques paroles dites à propos porter ceux qui l'entourent au service de Dieu.

CHAPITRE XI

Quelle doit être leur conduite lorsqu'on porte atteinte à leurs droits et à leurs priviléges.

D. Si, dans une paroisse, le Tiers-Ordre est persécuté que faut-il faire?

R. Un frère attaqué individuellement doit tout supporter avec patience et résignation; mais, si l'existence d'une Fraternité est compromise, on doit en prévenir le Ministre-provincial.

CHAPITRE XII

Que les Tertiaires évitent, autant que possible, les serments solennels.

D. Quel est l'objet de ce chapitre?

R. Il défend de faire des serments *légère-ment* et sans nécessité, mais on peut prêter serment lorsque les hommes de la justice l'exigent.

D. A quoi est-on obligé si l'on fait un ju-rement par inadvertance?

R. La Règle ordonne de réciter trois *Pater*

le soir à l'examen de conscience que l'on doit faire tous les jours.

CHAPITRE XIII

De la Messe et des assemblées.

D. Que prescrit la Règle au sujet de l'assistance à la messe?

R. Notre séraphique Père veut que les Frères et les Sœurs entendent la messe tous les jours, s'ils le peuvent commodément, c'est-à-dire s'ils n'en sont point empêchés par leur santé ou par les devoirs de leur état.

D. La Règle fait-elle une obligation d'assister aux réunions de la Fraternité ?

R. Oui, on est obligé par la Règle de se rendre exactement aux réunions de chaque mois pour entendre les instructions et se former à la pratique des vertus séraphiques.

D. Ces réunions n'ont-elles pas encore un autre avantage ?

R. Ces réunions contribuent efficacement à resserrer les liens de la charité fraternelle, et font sentir à tous les membres la salutaire influence de la soumission aux supérieurs de l'Ordre.

CHAPITRE XIV

Des frères malades ou défunts.

D. Quels sont les devoirs des Tertiaires envers leurs Frères malades?

R. Les Frères, mais les infirmiers surtout, doivent les visiter, les consoler, les exhortant à la patience, à la résignation; les veiller, et, si leur position l'exige, les assister corporellement au moyen des fonds de la Fraternité.

D. Que fait-on dès que le Frère malade a expiré?

R. On le revêt de sa tunique, de la corde à laquelle est suspendue la couronne franciscaine, on lui met la Règle et le crucifix dans ses mains croisées sur la poitrine, puis, si la famille le permet, on le laisse ainsi exposé jusqu'au moment des obsèques.

D. Quels sont les devoirs imposés à l'égard d'un membre de la Fraternité défunt?

R. Les Frères doivent assister aux obsèques du Frère défunt, et à la messe que fait célébrer aussitôt la Fraternité.

D. N'y a-t-il pas d'autres devoirs envers le Frère défunt?

Chacun doit réciter, dans les huit jours qui

suivent le décès, cinquante psaumes, ou, s'il ne le peut, cinquante *Pater* avec autant de *Requiem*, ou bien encore l'office des morts. Les Tertiaires prêtres disent une messe.

D. Les Tertiaires ne sont-ils pas tenus de réciter tous les jours certaines prières pour les défunts?

R. D'après un ancien usage, les Tertiaires récitent chaque jour le *De profundis* avec l'oraison *Deus veniæ largitor* que l'on place après Complies.

D. Quelle est l'obligation, à l'égard des défunts, qui incombe une fois par an?

R. La Congrégation doit faire dire tous les ans trois messes pour les membres vivants et défunts de l'Ordre, et chaque Tertiaire récite le *Psautier* tout entier, sinon cent *Pater* avec autant de *Requiem*, ou bien l'office des morts.

CHAPITRE XV

Des ministres.

D. Que dit la Règle à propos des charges?

R. Notre saint fondateur recommande à chacun de ceux qui y auront été désignés, de les accepter avec dévouement et de s'efforcer de les remplir avec zèle et fidélité.

D. Ne peut-on pas refuser les premières charges par humilité ?

R. On ne peut pas plus refuser la supériorité que les autres emplois, comme aussi on ne doit pas ambitionner la plus petite charge.

D. Quelle est la durée des offices ?

R. Saint François veut que tout office soit limité dans sa durée ; les constitutions ont fixé cette durée à trois ans.

D. Quels sont les Ministres dans les Fraternités ?

R. Les ministres sont le Frère supérieur, son assistant et les discrets.

D. Comment se fait l'élection des Ministres et des Officiers ?

R. Les Ministres sont élus au scrutin secret par tous les frères profès de la Fraternité, et les Officiers par le discrétoire récemment élu, et le tout doit être confirmé par le P. visiteur ou par celui qui tient sa place.

CHAPITRE XVI

De la visite de la Fraternité et de la pénitence à imposer pour les infractions de la Règle.

D. Dans quel but saint François veut-il qu'on visite les Fraternités ?

R. La visite est établie dans le but de maintenir dans toute leur vigueur les prescriptions de la Règle et son esprit, et de réprimer les abus qui pourraient se glisser.

D. Quels sont les devoirs des Tertiaires à l'époque de la visite ?

R. Ils doivent rendre compte de la manière dont ils ont observé la Règle, s'accuser des transgressions et recevoir une pénitence comme ils l'ont promis au jour de leur profession.

D. Le visiteur peut-il imposer une grande pénitence ?

R. Il peut imposer des pénitences selon la gravité des transgressions, il peut même, dans la forme prescrite par les constitutions, expulser du Tiers-Ordre le Tertiaire qui serait un sujet de scandale pour ses frères.

CHAPITRE XVII

De la fuite des procès entre eux et avec les autres.

D. Tout procès est-il interdit aux membres du Tiers-Ordre ?

R. Non, un Tertiaire, après avoir employé tous les moyens de conciliation peut, pour une affaire grave, poursuivre en justice, après avoir consulté le Directeur.

D. Mais, en cette circonstance, quels doivent être ses sentiments intérieurs ?

R. Le Tertiaire doit conserver dans son cœur les sentiments de la modération et de la mansuétude chrétienne.

CHAPITRE XVIII

Dispenses qu'on peut accorder.

D. Qui peut accorder des dispenses?

R. Tous ceux qui ont les pouvoirs de Directeur du Tiers-Ordre.

D. Les dispenses sont-elles légitimes ?

R. Oui, lorsqu'elles sont appuyées sur des raisons *sérieuses*.

D. Peut-on admettre dans le Tiers-Ordre des personnes qui ont besoin d'être dispensées des principales obligations ?

R. Oui, on le peut : la Règle est pour toutes les âmes de bonne volonté; elle *peut* et elle *doit* se plier à la condition de chacun.

D. Combien de temps durent les dispenses?

R. Autant que durent les empêchements.

D. De quelle nature doivent être les dispenses?

R. Les Directeurs s'appliqueront à dispenser quant à la quantité, mais *non* quant à la qualité, afin de maintenir toujours les Tertiaires dans l'esprit que notre séraphique Père a voulu leur inspirer.

CHAPITRE XIX

De ceux qui doivent être exclus de l'Ordre.

D. Peut-on exclure de l'ordre ?

R. On peut exclure : 1º de la Fraternité pour quelque temps ; 2º pour toujours ; 3º pour des raisons très-graves, on peut même exclure de l'Ordre, et, dans ce cas, on n'a plus aucun droit aux biens spirituels de l'Ordre.

D. Quels sont les motifs d'exclusion ?

B. Les motifs d'exclusion sont les cas d'hérésie ou de scandale public.

CHAPITRE XX

Obligation de la Règle.

D. La Règle oblige-t-elle sous peine de péché ?

R. Elle n'oblige pas même sous peine de péché véniel ; cependant, manquer à ses prescriptions, c'est se priver des grâces du Tiers-Ordre.

TABLE

LIBRAIRIE SAINT-JOSEPH. — TOLRA ÉDITEUR.
112, rue de Rennes à Paris.

LISTE COMPLÈTE DES OUVRAGES

DE

MONSEIGNEUR DE SÉGUR

*Prix des volumes expédiés franco par la poste
par unités et par nombres*

A CEUX QUI SOUFFRENT. — Consolations, 1 vol. in-18............... » 90
20 exemp. *franco*... 15 » »
AUX APPRENTIS. — Avis et conseils, 1 vol. in-18. » 30
25 exemp. *franco*... 5 » »
AU SOLDAT EN TEMPS DE GUERRE, 1 v. in-18.. » 10
100 exemp. *franco*.. 5 » »
LE BON COMBAT DE LA FOI, 1 vol. in-18........ » 40
25 exemp. *franco*... 7 50
CAUSERIES SUR LE PROTESTANTISME, 1 v. in-18. » 90
20 exemp. *franco*... 15 » »
LE CONCILE, 1 v. in-18. » 30
25 exemp. *franco*... 5 » »
LA CONFESSION, 1 vol. in-18............... » 30
25 exemp. *franco*... 5 » »
LA CONFIRMATION, 1 vol. in-18............ » 50
25 exemp. *franco*... 10 » »
CONSEILS PRATIQUES SUR LA CONFESS., 1 v. in-18. » 15
50 exemp. *franco*... 5 » »
CONSEILS PRATIQUES SUR LA COMMUNION, 1 v. in-18 » 20

50 exemp *franco*... 7 50
CONSEILS PRATIQUES SUR LA PIÉTÉ, 1 vol. in-18.. » 40
25 exemp. *franco*... 7 50
CONSEILS PRATIQUES SUR LA PRIÈRE, 1 v. in-18.. » 30
25 exemp. *franco*... 5 » »
CONSEILS PRATIQUES SUR LES TENTATIONS, 1 vol. in-18 » 40
25 exemp. *franco*... 7 50
NOTICE SUR LE CORDON DE SAINT - FRANÇOIS, in-18 *le cent*................ 2 » »
LE DENIER DE ST-PIERRE, 1 vol. in-18........ » 10
100 exemp. *franco*.. 5 » »
LE DOGME DE L'INFAILLIBILITÉ, 1 vol. in-18... 1 25
LE CORDON SÉRAPHIQUE. — Ses merveilleuses richesses, 1 vol. in-18.... » 30
25 exemp. *franco*... 5 » »
LA DIVINITÉ DE JÉSUS-CHRIST, 1 vol. in-18......... » 30
25 exemp. *franco*... 5 » »
LES ENNEMIS DES CURÉS.— Ce qu'ils sont, ce qu'ils disent, 1 vol. in-18... » 30
25 exemp. *franco*... 5 » »

Pᴵᴱ IX ᴇᴛ sᴇs Nᴏᴄᴇs ᴅ'ᴏʀ. — 1 vol. in-18 .... » 50

25 exempl *franco*... 10 » »

Lᴀ Pɪᴇ́ᴛᴇ́ ᴇɴsᴇɪɢɴᴇ́ᴇ ᴀᴜx ᴇɴ-ғᴀɴᴛs. — un beau vol. in-18 .... 3 50

Lᴀ Pɪᴇ́ᴛᴇ́ ᴇᴛ ʟᴀ ᴠɪᴇ ɪɴᴛᴇ́-ʀɪᴇᴜʀᴇ. — 1ᵉʳ Traité. Nᴏ-ᴛɪᴏɴs ғᴏɴᴅᴀᴍᴇɴᴛᴀʟᴇs, 1 v. in-18 ....·......... » 35

— 2ᵉ Traité. Lᴇ Rᴇɴᴏɴᴄᴇ-ᴍᴇɴᴛ, 1 vol. in-18... » 50

— 3ᵉ Traité. Lᴀ ɢʀᴀᴄᴇ ᴇᴛ ʟ'ᴀᴍᴏᴜʀ ᴅᴇ Jᴇ́sᴜs, 2 vol. in-18 ....·....... · 2 50

— 4ᵉ Traité. L'ᴜɴɪᴏɴ ᴀ Jᴇ́-sᴜs ᴏᴜ ʟᴇ Cʜʀᴇ́ᴛɪᴇɴ ᴠɪᴠᴀɴᴛ ᴇɴ Jᴇ́sᴜs, 1 vol. in-18. 1 25

5ᵉ Traité. Nᴏ̀s Gʀᴀɴᴅᴇᴜʀs ᴇɴ Jᴇ́sᴜs. 1ʳᵉ *partie*, 1 vol. in-18 .... 1 50

2ᵉ partie, 1 v. in-18. 1 50

3ᵉ partie 1 v. in-18. 1 50

Lᴀ ᴘʀᴇ́sᴇɴᴄᴇ ʀᴇ́ᴇʟʟᴇ, 1 v. in-18 .... « 50

25 exemp. *franco*... 10 » »

Pʀᴇ̂ᴛʀᴇs ᴇᴛ Nᴏʙʟᴇs, 1 vol. in-18 .... » 30

25 exempl. *franco*.. 5 » »

Pʀɪᴇ-Dɪᴇᴜ ᴘᴏᴜʀ ʟ'ᴀᴅᴏʀᴀᴛɪᴏɴ ᴅᴜ Sᴀɪɴᴛ-Sᴀᴄʀᴇᴍᴇɴᴛ, 1 v. in-32 .... » 75

25 exemp. *franco*.. 15 » »

Lᴀ Rᴇʟɪɢɪᴏɴ ᴇɴsᴇɪɢɴᴇ́ᴇ ᴀᴜx ᴘᴇᴛɪᴛs ᴇɴғᴀɴᴛs, — in-18 • 40

25 exemp. *franco*... 7 50

Rᴇ́ᴘᴏɴsᴇs ᴀᴜx ᴏʙᴊᴇᴄᴛɪᴏɴs ʟᴇs ᴘʟᴜs ʀᴇᴘᴀɴᴅᴜᴇs ᴄᴏɴᴛʀᴇ ʟᴀ Rᴇʟɪɢɪᴏɴ. — 1 vol. in-18 .... » 70

25 exemp. *franco*... 15 » »

Lᴀ Rᴇ́ᴠᴏʟᴜᴛɪᴏɴ. — 1 v. in-18 » 60

20 exemp. *franco*... 10 » »

Lᴇ sᴀᴄʀᴇ́-ᴄᴏᴇᴜʀ ᴅᴇ Jᴇ́sᴜs. — 1 vol. in-18 .... » 80

25 exemp. *franco*... 15 » »

Lᴇs Sᴀɪɴᴛs Mʏsᴛᴇ̀ʀᴇs. — Explications familières des cérémonies de la Messe, 1 vol. in-18 .... » 75

25 exemp. *franco*... 15 » »

Lᴀ Sᴀɪɴᴛᴇ Vɪᴇʀɢᴇ ᴅᴀɴs ʟ'ᴀɴ-ᴄɪᴇɴ Tᴇsᴛᴀᴍᴇɴᴛ in-18. » 90

20 exemp. *franco*... 15 » »

Lᴀ Sᴀɪɴᴛᴇ Vɪᴇʀɢᴇ ᴅᴀɴs ʟᴇ Nᴏᴜᴠᴇᴀᴜ Tᴇsᴛᴀᴍᴇɴᴛ. — in-18 .... » 90

20 exemp. *frunco*... 15 » »

Lᴇ Sᴇ́ʀᴀᴘʜɪQᴜᴇ ᴅᴇ Sᴀɪɴᴛ-Fʀᴀɴᴄ̧ᴏɪs, — merveilles de la vie. 1 vol. in-18.. » 90

20 exemp. *franco*... 45 » »

Lᴇ Sᴏᴜᴠᴇʀᴀɪɴ Pᴏɴᴛɪғᴇ. — 1 vol. in-18 .... 1 25

Lᴇ Tɪᴇʀs-ᴏʀᴅʀᴇ ᴅᴇ Sᴀɪɴᴛ-Fʀᴀɴᴄ̧ᴏɪs. — 1 vol. in-18. » 50

25 exemp. *franco*... 10 » »

Tᴏᴜs ʟᴇs ʜᴜɪᴛ Jᴏᴜʀs. — 1 v. in-18 .... » 20

50 exemp. *franco*... 7 50

Lᴀ ᴛʀᴇs-sᴀɪɴᴛᴇ Cᴏᴍᴍᴜɴɪᴏɴ. — 1 vol. in-18 ...... » 30

25 exemp. *franco*... 5 » »

Vᴇɴᴇᴢ ᴛᴏᴜs ᴀ ᴍᴏɪ. — 1 vol. in-18 .... » 15

50 exemp, *franco*... 5 » »

Vɪᴠᴇ ʟᴇ Rᴏɪ! in-18... » 35

20 exemp. *franco*... 5 » »

Lᴇs Vᴏʟᴏɴᴛᴀɪʀᴇs ᴅᴇ ʟᴀ Pʀɪᴇ̀ʀᴇ in-18 *le cent*. 2 » »

Y ᴀ-ᴛ-ɪʟ ᴜɴ Dɪᴇᴜ qui s'oc-cupe de nous, — in-18. » 15

50 exemp. *franco*... 5 » »

PIE IX ET SES NOCES D'OR. —
1 vol. in-18 .... » 50

25 exempl *franco*... 10 » »

LA PIÉTÉ ENSEIGNÉE AUX EN-
FANTS. — un beau vol.
in-18 .... 3 50

LA PIÉTÉ ET LA VIE INTÉ-
RIEURE. — 1er Traité. No-
TIONS FONDAMENTALES, 1 v.
in-18 .... » 35

— 2e Traité. LE RENONCE-
MENT, 1 vol. in-18... » 50

— 3e Traité. LA GRACE ET
L'AMOUR DE JÉSUS, 2 vol.
in-18 .... 2 50

— 4e Traité. L'UNION A JÉ-
SUS OU LE CHRÉTIEN VIVANT
EN JÉSUS, 1 vol. in-18. 1 25

5e Traité. NOS GRANDEURS
EN JÉSUS. 1re *partie*, 1 vol.
in-18 .... 1 50

2e partie, 1 v. in-18. 1 50

3e partie 1 v. in-18. 1 50

LA PRÉSENCE RÉELLE, 1 v.
in-18 .... « 50

25 exemp. *franco*... 10 » »

PRÊTRES ET NOBLES, 1 vol.
in-18 .... » 30

25 exempl. *franco*.. 5 » »

PRIE-DIEU POUR L'ADORATION
DU SAINT-SACREMENT, 1 v.
in-32 .... » 75

25 exemp. *franco*.. 15 » »

LA RELIGION ENSEIGNÉE AUX
PETITS ENFANTS, — in-18
» 40

25 exemp. *franco*... 7 50

RÉPONSES AUX OBJECTIONS
LES PLUS REPANDUES CONTRE
LA RELIGION. — 1 vol.
in-18 .... » 70

25 exemp. *franco*... 15 » »

LA RÉVOLUTION. — 1 v. in-18
» 60

20 exemp. *franco*... 10 » »

LE SACRÉ-CŒUR DE JÉSUS.
— 1 vol. in-18..... » 80

25 exemp. *franco*... 15 » »

LES SAINTS MYSTÈRES. —
Explications familières des
cérémonies de la Messe,
1 vol. in-18........ » 75

25 exemp. *franco*... 15 » »

LA SAINTE VIERGE DANS L'AN-
CIEN TESTAMENT in-18.
» 90

20 exemp. *franco*... 15 » »

LA SAINTE VIERGE DANS LE
NOUVEAU TESTAMENT. —
in-18 .... » 90

20 exemp. *franco*... 15 » »

LE SÉRAPHIQUE DE SAINT-
FRANÇOIS, — merveilles de
la vie. 1 vol. in-18.. » 90

20 exemp. *franco*... 15 » »

LE SOUVERAIN PONTIFE. —
1 vol. in-18........ 1 25

LE TIERS-ORDRE DE SAINT-
FRANÇOIS. — 1 vol. in-18.
» 50

25 exemp. *franco*... 10 » »

TOUS LES HUIT JOURS. — 1 v.
in-18 .... » 20

50 exemp. *franco*... 7 50

LA TRÈS-SAINTE COMMUNION.
— 1 vol. in-18...... » 30

25 exemp. *franco*... 5 » »

VENEZ TOUS A MOI. — 1 vol.
in-18 .... » 15

50 exemp, *franco*... 5 » »

VIVE LE ROI! in-18.... » 35

20 exemp. *franco*... 5 » »

LES VOLONTAIRES DE LA
PRIÈRE in-18 *le cent*. 2 » »

Y A-T-IL UN DIEU qui s'oc-
cupe de nous, — in-18. » 15

50 exemp. *franco*... 5 » »